Kenza L.

Le Maroc Primaire

Kenza L.

Le Maroc Primaire

en mode VIP

Éditions Muse

Imprint

Cover image: www.ingimage.com

Publisher:
Éditions Muse
is a trademark of
Dodo Books Indian Ocean Ltd., member of the OmniScriptum S.R.L Publishing group
str. A.Russo 15, of. 61, Chisinau-2068, Republic of Moldova Europe
Printed at: see last page
ISBN: 978-620-2-29603-8

LE MAROC PRIMAIRE

en mode VIP

Kenza L.

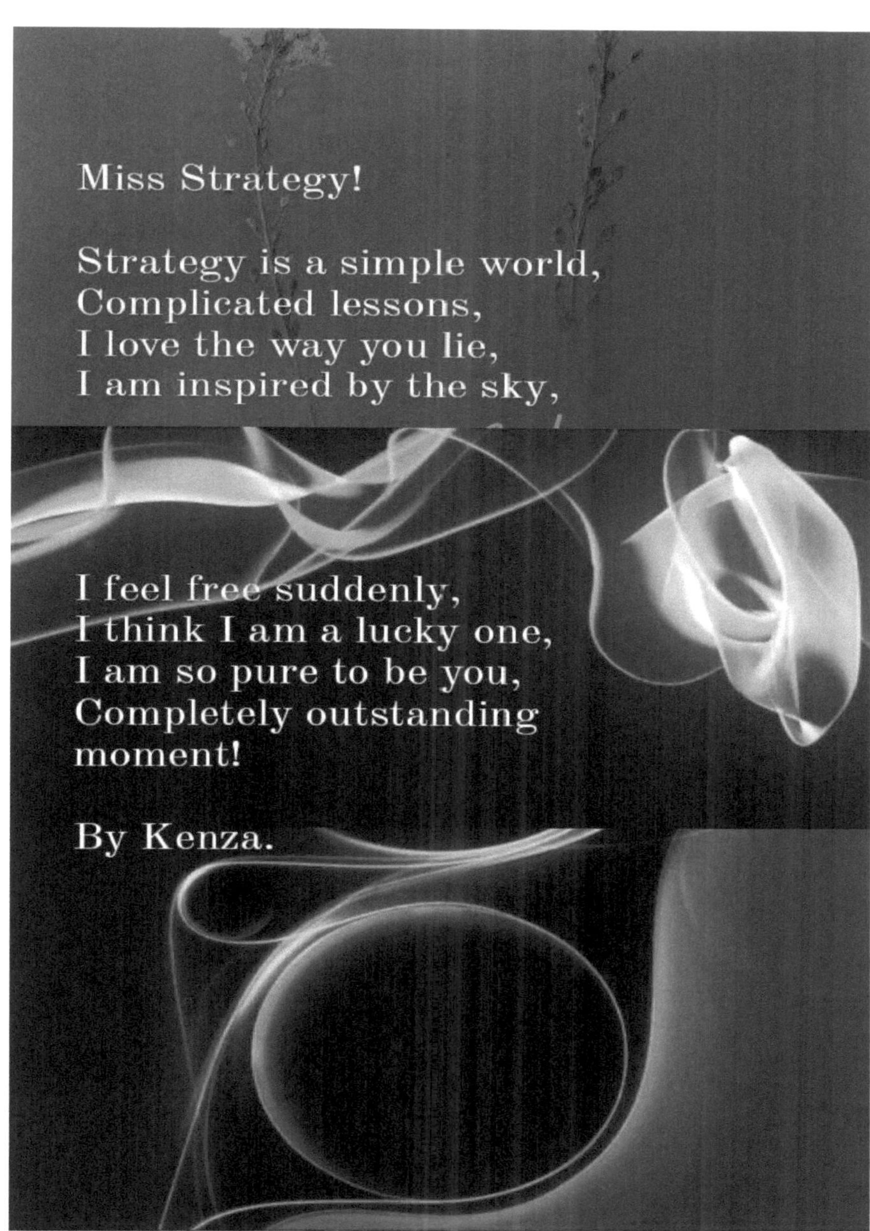
Miss Strategy!
Strategy is a simple world,
Complicated lessons,
I love the way you lie,
I am inspired by the sky,
I feel free suddenly,
I think I am a lucky one,
I am so pure to be you,
Completely outstanding
moment!
By Kenza.

PLAN

PRESENTATION

- KENZA L.
- PAGES: 66 PAGES
- LANGUAGE : FRANCAIS
- TITRE : LE MAROC PRIMAIRE, en mode VIP
- REPERTOIRE : EDUCATION
- STYLE : UNIVERSITAIRE
- SUMMAIRE: Le Maroc Primaire est un Monde au nom du Maroc, garantissant une vision VIP. Il a été écrit dans le même sens que 'LE MAROC VISIONNAIRE', savourant les raisons de toute la stratégie du pays, en matière d'Infrastructures Intellectuelles et un demain fleurissant.

SYNOPSIS : LE TRONE STRATEGIQUE

J'apprécrie la cote stratégique du Maroc, à etre sur tous les fronts à savoir, la diplomatie, le militaire et la Géométrie. Toutes les relations entre les différents domaines sont indispensables pour ddéfier la loi de la gravité. Ces trois domaines sont les axes stratégiques d'un pays, à dévoiler sa force, son ambition et sa resonance internationale. Quand à la construction d'un pays ou la révolution nationale, elle repose essentiellement sur : L'EDUCATION, LA SANTE et LA RELIGION. Ces bases sont une forme d'union entre les différentes personnes, pour parler sur le meme créneau et revoir son avenir vers un monde meilleur, sans distinction sociale ou marginalisation de quelconque catégorie particulière.

LE DRESS-CODE DE NOTRE PAYS

LE REVE MAROCAIN

- LE POUVOIR NATIONAL
- LA REVOLUTION POLITIQUE
- LA DIPLOMATIE
- L'AME DU PATRIOTISME
- LE DRAPEAU MAROCAIN

LE REVE MAROCAIN

LE POUVOIR NATIONAL

Un visage se réveille sur les hauteurs d'une ville, la vie semble paisible, calme et sans histoires ; le brin de couleurs et le son des senteurs, à couper le souffle. Tout ne se ressemble, mais s'assemble sur une réalité heureuse, fatale et néambule ; le risque ne peut s'estomper les cotes lointaines, le dialecte semblait bercer sur des mélodies latines, d'origine arabe ou andalouse. Le Jour et la Nuit semblent une alternative, sans retour, sans répit, sans amertume ; avoir les sursauts du soleil, les mains n'ont pu s'empêcher d'écrire et le son de fredonner les mots reculés des ténèbres littéraires. Je vois tout le monde, à travers ces lignes, conjuguées en couleurs, à façonner l'image réelle et imaginaire d'une vie reculée, vers un passé nuageux et un réel plombé d'une imagination infinie.

Je transgresse toutes les lois paradoxales, et j'en reviens pas à souhaiter la mort de cette vibration intellectuelle, initiée sur une simple discussion. Banale avec des amis, je pensais et la pensée est naïve, dans sa catégorie radicale à nommer les liens transversaux, et à dilapider les raisons euphoriques d'un évènement certain.

Je traverse les nuages, en continu et dans tous les sens, selon les degrés et les niveaux, à façonner la raison morte, à noircir les points de chute, et à démanteler les âmes avides de toute structure basique, de pensées et de moments, à créer un monde imaginaire alors que le réel collait à merveille !

Pourquoi cette satanée facture de sommeil, à dormir sur des prix variables et un total qui grimpe les montagnes isolées, sans pouvoir l'atteindre ;

L'Himalaya semble un Jeu d'enfant, devant cette image noire féerique. Tout s'arrête normalement, sur ce point mais je préfère avancer et aller de l'avant, sortir les idées de cette imagination barbante, les dorloter et créer l'espoir chez les normaux, devancer les réussis, et apporter le sourire aux dépourvus. Je n'ai trouvé que le Rêve Marocain, le rêver, le planifier et surtout le réaliser ; les pas semblent lourds et interminables, guère a cette personne macabre à se placer devant Moi, devant Lui, et devant Eux. L'idée semble anodine, voire irréalisable, a en rêver et s'arrêter. C'est dommage pour tout le monde, ***MOI JE REALISE TOUS MES REVES***.

LE POUVOIR NATIONAL ....

est une FEMME MAROCAINE

Une femme a multiples talents, une catégorie de femme à maintes facettes. Elle se démène corps et âme, pour la vie, pour le souffle, la science, la culture, la tradition et l'avenir de sa famille. C'est une jolie dame, avec louange et charisme, un univers à facettes juxtaposées. Une manière de marocaniser le MAROC, de contempler le paysage et de redorer l'envolée d'une vie heureuse.

La Femme Marocaine a un ennemi fort, présent et destructeur, qui sont les marocains eux-mêmes et non pas tous mais quelques-uns. Des Marocains ingénieurs, créant des bombes à retardement, des lieux à multiples facettes, de nouveaux souvenirs, des vies inexistantes, pour n'en faire qu'une bouchée. Les rêves sont des endroits masqués d'une réalité banale ; elle représente la science, du coup elle a toujours des défis à relever face à des ingénieurs. D'autant que la simplicité est un art sympathique, l'ingénierie dégrade la place de la Femme Marocaine, sous l'idée qu'elle n'a aucune créativité mais c'est un leurre.

La vie est une forme de perspectives, ou toutes les raisons sont inaptes à réagir. Le cerveau est en Hypnose et la vie est d'une humeur morose ; le cœur bat Marocain, quelque soit les raisons ou les souhaits abattus, c'est une forme de reconnaissance envers ce pays qui nous a tant donné, chéri et accueilli.

La Femme Marocaine vous salue et

elle salue surtout votre délicatesse !

A guérir de ses blessures, à l'accueillir quand toutes les portes se ferment, à essuyer sa larme quand elle pleure, mais aussi à partager ses bonheurs. Elle redore son image, à travers son amour au Maroc, grâce à cette complicité nationale, sans retour en arrière, sans regard vers le passé ; elle prend la main du présent pou.

Une femme a multiples talents, une catégorie de femme. La dextérité d'être optionnel, dans un Monde réel ; c'est le fait d'appartenir à ce monde, en vivant dans un monde parallèle, entre littérature et science, recherche et Innovation, relations internationales et cinéma Hollywoodien. La minorité participative dans un monde particulier, consiste à démontrer sa voix intérieure, à fournir des informations constipâtes, un univers ouvert. L'alimentation ne doit pas stérile, elle doit revoir son image de base et fournir une ligne plongée, de la vision 'AVENIR'. Tout est farfelu et ostentatoire, quand les faits et gestes ne sont plus en fusion, demandant à la rivalité intérieure de voir l'anticipation rêvée, d'un monde sans fin.

LA REVOLUTION POLITIQUE

La révolution politique, repose sur une suite de 7 points 'SERPENT' :

- SANTE
- EDUCATION
- RELIGION
- POLITIQUE
- ENVIRONNEMENT
- NOTORIETE
- TIMING

LA DIPLOMATIE

La diplomatie se resume a une course contre la montre, un sport international sur un parcours national.

Les relations diplomatiques, les contrats ou accords win-win sont des alienations subtiles, mais aucun pays ne concoit cette vision. Chaque pays a sa manière de comprendre les événements, de structurer ses pensées et de voir entre les lignes. Il existe cette sympathie diplomatique et cette suprématie dans le comportement, a vouloir vvéhiculer des messages positifs, démontrant la réalite des relations internationales.

Les lois internationales sont entrain de véhiculer entre différents axes strategiques, certains dorment, d'autres basculent et ceux qui sont actifs sont sous-silence. Réveillons –Nous ! avec modération et modestie. Le Liban est un pays ami, il est en difficultés et on lui souhaite rétablissement. Le Maroc vit une embellie qu'on encourage pour l'avenir. Néanmoins, certains aléas sont possibles des iles-canaries, avec la mer agitee et le vol en brouillard ; aucune certitude n'existe dans ce mouvement calme. Il faut rester vigilant, il risque de tempéter ou pleuvoir.

Les débats politiques sont des mondes cruels, sauf au Maroc ou le monde politique semble être en sommeil. La réalité étrangère, et non française, démontre qu'il existe bien une disparité des relations, définir un périmètre de discussions et de distribution des paroles ou on manque de ravitailler les esprits par des mots, des phrases et un vocabulaire ; sans attaques personnelles des autres partis ou un poulet que supermarché avec la photo du parti.

LE DRAPEAU MAROCAIN

Une étoile verte et un background rouge. Ce drapeau signifie notre lumière et Hydrogène sont verts et notre terre et planète sont rouges ; on ne peut vivre sans terre, ni lumière. Les rides de notre pays traversent deux océans et ne peuvent avoir le même rendu, de même pour le rouge et le vert, ils ne peuvent être mélangés et ne peuvent exister l'un sans l'autre.'

'SOYONS VERTS SUR

UNE TERRE ROUGE'

L'AME DU PATRIOTISME

L'Ame du patriotisme vit une schizophrénie temporaire et passagère, elle retrace toutes les étapes d'un pays en mouvement avec une âme endormie, un cerveau en berne et un territoire momifiée.

La schizophrénie retrace la dégradation successive d'un monde, nativement vivant. Une âme n'est pas censée se dépérir, se détériorer, se lamenter sur son sort, ou sombrer ; elle est censée récupérer son souffle, dupliquer son énergie et multiplier les sourires. A force de maltraiter notre âme patriotique avec négativité, elle s'est endormie pour ne laisser qu'une ligne fine et faible, indiquant l'existence d'une sensée âme dans les parages. Il est bien inconvenable de discuter ce sujet, car il est innée chez nous et au niveau mondial ; c'est la nature humaine. Néanmoins, un rappel ne fait pas de mal à personne et 'qui ne dit mot consent'.

L’Ame Patriotique a besoin d’une révolution. Comme une plante, il faut l’entretenir et lui donner un coup de pouce et un coup de fraicheur pour la réveiller de son sommeil.

‘SOYONS PATRIOTIQUE ! DONNEZ UN SOURIRE’

LA FINALITE, UNE STRATEGIE DE REVE

LA REVOLTE MAROCAINE

- LA FEMME MAROCAINE
- LES VOIX DU PAYS
- LE MAROC INTERNATIONAL
- LE MAROC EFFECTIF, VUE STRATEGIQUE

LES VOIX DU PAYS

LE DISCOURS D'UN ROI

Je vous adresse la parole et elle fait face, face aux défis que nous voyons et nous envisageons. Je vous salue, dans un premier temps, de vos efforts établis et effectués pour booster l'économie. Notre devoir, inclus le mien, est de travailler « le MAROC », notre pays, notre patrie, notre terre mère, nos racines et nos origines. On crée des liens et des raisons de millions de gens, qui n'ont pas les moyens de s'exprimer et on s'exprime pour eux. Alors soyons à la Hauteur !

Je vous appelle, chers citoyens, compatriotes, résidants à l'étranger, étrangers au Maroc, amoureux du Maroc ou toute autre personne, souhaitant mettre la main dans la main. Soyons à la Hauteur !

On se réveille aujourd'hui une stratégie, sur une stratégie qui est amorcée et qui doit continuer, de travailler le Maroc, un pays qui nous est cher, fier et aimable. La recherche ne porte en aucun cas sur la déviation des obstacles mais on peut les surmonter. On n'a pas l'obligation de stopper les ennemis, mais on le fait par sécurité de nos co-citoyens. On voit les raisons et l'avenir, dans notre travail, dans notre drapeau et dans les réalisations. Il est temps d'unir nos forces et de s'aligner face aux défis structurels, nationaux et internationaux, afin de répondre aux défis de nos enfants et de notre pays. Une stratégie verte, sur une terre rouge, on le voit, on le sent et on le sait qu'on est capable !

Un nerf marocain ne meurt jamais, parlant d'une voix de tous les marocains, morts et vivants, de cette vérité patriotique qu'on essaie si fort et ardemment que cela d'enterrer, mais en vain.

On vérite l'actualité et on rivalise avec nous-même et nos idées, pour sortir des sentiers battus et rester focalisées sur l'objectif : « le Maroc », c'est un drapeau rouge avec une Etoile verte. Imaginez si on démultiplie cette Etoile en plusieurs, sortant les méninges cachées dans le pays et répondant aux exigences de cette population si exigeante et façonnable. Il est temps de prendre nos pouvoirs en main et d'aller vers l'avant, de se focaliser sur notre but et de dépasser les frontières avec notre hymne national.

On est né libre et on le restera, on veut des réalisations et on le fera, nul ne peut prétendre la raison, personne ne peut avoir notre foi, c'est le futur qui se bâtit aujourd'hui, demain on le fêtera, de quelconque stratégie on gagnera le challenge.

Ce drapeau, on le rendra fier

D'être ses filles et ses fils,

De naitre sur ces terres,

De voir la lumière de ses Etoiles,

On n'oublie jamais son Etoile mère,

On est à la hauteur de ses exigences,

On partagera notre amour par prudence,

On le dit Haut et Fort,

On est fier, cette fierté d'être Marocains.

LA REQUETE D'UN CITOYEN

A notre Roi, a tous les partis politiques et a tout gouvernement confondu, je vous salue pour toutes les initiatives entreprises, sur différents niveaux et on partage tous les bonheurs différents, mais une même raison principale « LE MAROC ».

On regarde le décor Marocain, à travers les différentes lignes directrices, permettez-moi de partager ma vision :

1) **LA SANTE** > un vecteur crucial dans notre vie, et on rêve tous, en tant que Marocains, d'avoir une carte SANTE, pour tous, quitte à payer une redevance mensuelle à l'ETAT pour en bénéficier.

2) **L'INDUSTRIE 'AUTO'** > Un domaine en perspective évolution, pourquoi ne pas inclure les mécaniciens de quartiers dans cette démarche, pour avoir le retour sur expérience. Par exemple, un mécano quartier ou par domaine et les inclure dans une industrie circulaire ; délogeant par cette initiative, l'amplitude du SAVOIR MAROCAIN, par proximité.

3) **BOULANGERIE** > Créer des boulangeries traditionnelles, pour valoriser le capital marocain, en terme de création de valeur, dans le cadre du PROJET DEV.

4) **CREATION LABEL 'MIM'** > Sonoriser la valeur Marocaine, dans l'esprit du consommateur, fortifiant

sa contribution dans le cercle économique marocain (CEM).

5) **EPICERIE** > Une distribution centrale par un distributeur, valorisant les marques marocaines, en leur donnant la qualité du label 'MIM' ; à condition de se conformer aux exigences.

6) **CREATION DE LIEUX PUBLICS COMMUNAUTAIRES** >

- Créer des espaces verts
- Espaces Littéraires
- Espaces de création Libre, pour porteurs d'idées : Menuiserie, Acier, mécano, poissonnier, ... valorisant ainsi les Adolescents et les p'tits démons

7) **DES CENTRES DE DEVELOPPEMENT PERSONNEL >**

>A croire les anciens, étudier est un atout mais il faut aussi savoir motiver les troupes

>Une réelle conviction de notre participation dans la marocanisation, la marocanité et le marocanisme.

8) **L'ENTREPRENARIAT COMMUNAUTAIRE**> VALORISER

A petite échelle, donner la chance a tout le monde d'entreprendre, par la proximité et rentrer dans la chaine de valeur.

9) **UN ORGANISME 'DARET'** > par quartier, pour laisser le cercle monétaire, rentrer dans la grande

circulation. Toute injection de la monnaie dans un cercle, permet de capitaliser sur les voix de l'investissement.

10) **CENTRES DE BABYSITTING/ MENAGE** > Dans chaque quartier, pour donner la chance, aux illettrées d'avoir la chance de valoriser le travail manuel, et regarder vers l'avant.

Il devient important de prévaloir, les relations court-termistes pour dominer la Circulation Humaine, Monétaire et Economique (CHEM).

Par ces mots, on essaie à travers de petites contributions, de lancer l'apache a d'autres participations : ETAT,

Regroupement, Sociétés, ... ceci est un défi global pour nous tous, déterminant cette vision marocaine du 'MIM'.

On vous remercie d'avance, pour toutes les initiatives entreprises, passées et actuelles, mais on ambitionne l'EXCELLENCE des futures.

LA VOIX D'UN JOURNALISTE

J'entrepose les lignes et je pèse mes mots, les jours passent et trépassent ; à la recherche de cette lumière fantastique, pour entreposer les briques journalistiques. Je n'ai trouvé les mots pour exprimer ma gratitude, à plusieurs :

*À nos dirigeants > de comprendre notre sollicitude des infos, et de notre enquiquinement vouloir avoir la une des journaux. Sachant que tout le monde n'est pas d'accord, mais on représente d'une certaine manière, notre vision des choses, leurs statuts et on va jusqu'à l'analyse ; capitalisant sur l'expérience et la richesse.

*A nos co-citoyens > D'acheter le journal, de le lire et le comprendre, avec aléas, dérapages, analyses et vision. Tout écrit se base sur une idée et développe un objectif, comme un appareil-photo ; Néanmoins, la compréhension est un sujet aléatoire qu'on ne peut contrôler ou diriger ; c'est personnel.

*À nos confrères > de respecter l'éthique et la responsabilité de ce métier, ainsi que la concurrence, de développer les nuances et de guider l'enthousiasme journalistique, malgré les entraves encaissées.

Je salue, par cette occasion, toute personne qui a le courage, de lever sa plume et de l'exposer avec modération. Tout lien avec l'écriture, est un voyage exceptionnel, au risque d'oublier la saveur par moment.

« ***JE RECUPERE LA MARMOTTE, QUI NE DIT RIEN ET JE LA LAISSE RESPIRER SUR DES AIRS MALICIEUX*** »

LA VOIX D'UN SOMNOLANT

Je suis somnolant avec une voix qui porte, je voulais voir et entrevoir. Hélas ! Je suis dépourvu de mes pouvoirs. La vérité trône dans tous les coins et les recoins, sans assistance et sans aide, uniquement des voix qui portent sur d'autres voix ; un charabia.

Toute la somnolence réside dans la capacité de visionner, sans être vu et de regarder sans yeux, de solutionner avec idées et mots, la raison visionne sa seule trajectoire connue et une façon inouïe de paramétrer l'avenir avec une vision, de coder son pouce vers la révolution et d'envisager être leader dans la communication et la stratégie.

Je ne tue personne, connaissant les gens, je reste silencieuse et sans mouvement jusqu'au moment où je vois les signes, qui vont me permettre de voir le périmètre 'THE WHOLE PIC IS YOURS NOW'.

Je ne porte les sujets, de manière anodine mais respective et respective des différents angles de vue, et des angles j'en ai entrevu dans ma vie. Un rêve ne peut estomper la réalité, il a retardé uniquement pour ralentir la cadence ; certes.

Je finalise la construction doucement mais surement et je me réveille, pour apercevoir le résultat final. Bon courage à ceux qui ont compris la trame et Bonjour à ceux qui l'ont appliqué.

LA VOIX D'UN MUSULMAN

Je m'adresse à tous, de manière non conceptuelle, et je vous conjure à voir entre les lignes, avant de prononcer aucun mot. En tant que citoyens, on ne vous demande pas de voir la vie toute en rose, de rentrer dans les mosquées, d'avoir en une barbe, d'aller au Bar, d'apprivoiser les cibles entre minuit et 5H du matin, de boire ou de prier ; on vous demande simplement d'avoir une Education, un comportement et une sante/hygiène. Vous représentez l'Islam, le Maroc et le Roi et c'est notre fierté ; alors portons ce drapeau sur nous-mêmes par ces 3 valeurs.

Le monde est simple si on s'aligne tous sur les mêmes bases et on développe ; il devient compliqué quand on a des bases différentes, et on s'aventure. Beaucoup d'entre nous, ont cette capacité singulière à nous faire franchir les frontières, de bout en bout en restant assis, a construire des palais avec de simples mots ; la réalité étant de dresser sa ligne de conduite, et de s'arrêter là.

'JE VOYAIS Mme LA VIE VIDER SON SAC OU LAVER SON LINGE SALE EN PUBLIC. ON SOUHAITE UNIQUEMENT VOIR LA PROPRETE'

La voix du Musulman est forte en sonorité et en vibration. Toutes les répercussions se dotent d'un pouvoir unique, le repli en cas de danger.

La GUERRE est une guerre froide, sans merci, ni équivoque semblable ; je transporte les âmes, vers des lieux inconnus, jouant les marionnettes sur une corde vocale, un linge qui sèche jusqu'au bout, assemblant des nœuds continus et une juxtaposition des idées.

LE MAROC INTERNATIONAL

Une ville internationale au MAROC

C'est une ville touristique, paisible avec différentes sections en Pays internationaux, aux normes 'ISO' :

- Espagne / > USA / > UK / > MAROC / > France
- SUISSE / > Allemagne / > Italie

Chaque pays a un ensemble de quartiers avec :

- Un hôpital international
- Un souk par pays
- Le marché central pour Fruits et Légumes
- Marches/Restos par pays

La partie commune entre les pays :

- Crèches internationales, et un environnement multi-culturel
- Education jusqu'au BAC
- SPORT ou Terrains sportifs : Basket/Foot/Tennis/Futsal/Natation

>Toutes les particularités restent à décrire.

LE MAROC EFFECTIF,

UNE ANALYSE STRATEGIQUE

SANTE

COVID TRIAL : UN DILEMME

La période COVID a vu le jour en Décembre 2019 en Chine, pour atterrir chez nous au Maroc en Mars 2020. Chaque virus a 3 étapes principales :

- La première : COVID > DECLENCHEMENT
- La deuxième : DELTA > DEVELOPPEMENT
- La troisième : A venir, CLOUDY > MATURITE

Le salut final > DECLIN ; cela va se délimiter en termes de périmètre de propagation, pour finir par disparaitre.

Donc, il faudra prendre ses précautions, jusqu'à ce que cette maladie disparaisse. La prévention reste notre meilleur atout.

COVID : la Version Fantome

La derniere version COVID > version fantome. La version Cloudy, est une version fantome. Elle se manifeste jusque-la, par :

- Une fievre intense
- Un etouffement de respiration
- La peau prend la couleur entre Bleu et Rouge
- Les membres deviennent febriles

- Le fonctionnement du cerveau, au ralenti

A ces symptomes, resultent une lenteur de la langue et un dereglement ou coupures dans la suite logique des idees. Ces symptomes ressemblent vaguement a la meningite, et sa difference reside dans le système nerveux, pour delaisser les raisons dans un contexte mitigee.

Donc, a ce titre en termes de prevention des les premiers symptomes, avant de consulter le medecin :

- Vitamine 'C'
- Antibiotic
- La plante Marocaine 'MKHAYNZA'
- Doliprane ou similaire

Ceci n’est en aucun cas un traitement, il convient de voir et de consulter votre medecin, ne serait-ce que par telephone.

SOCIETE

EMBELLISSEMENT DE QUARTIERS : TANGER

Certains quartiers sont sujets à une couche de peinture pour donner une allure de ville splendide, révoltante et magnifique. Uniquement certains vecteurs peuvent attester de la capacité à voir la beauté intérieure. Je donne quelques idées :

SOCO ALTO, à Tanger > Un paysage magnifique de la Streets art, vers les restaurants dans la petite ruelle, en montée. Elle regorge de coins sympas et créant une atmosphère unique, avec quelques plantes verts supplémentaires, une rue pavée pietante et une organisation des artistes exposants dans la rue ou créer un espace communautaire Artistique, entre Littérature, peinture et Chant. Les valeurs à introduire dans ce monde sont surtout la cote traditionnelle ; comme la ville est internationale, cela donnerait une jouvence au milieu de la Ville.

LA MAISON DE LA JEUNESSE > Promouvoir le sport à travers une rue ou on rajoute d'autres lieux sportifs avec des sports divers et variés, retrousser les manches et ouvrir des espaces publics dans ce quartier pour baliser la jeunesse vers de nouveaux univers

TANJA MARINA BAY > Des idées me titillent pour voir le jour, mais je n'ai pu les voir et les pousser vers un monde meilleur :

- La création d'un OPEN SPACE
- Des terrains de Tennis vers la Marqala
- Des stands de vente traditionnelle, pour dévoiler le côté artistique marocain
- Demander aux hôtels de créer des cafés avec ART sur les murs, retraçant l'Histoire du Maroc, surtout ceux qui sont dans la BAY
- Créer un espace sportif vers le Marche du poisson, laissant ainsi les lieux avec une vivacité culturelle, a tous les niveaux.

TANGER est une ville culturelle, donc il est indispensable de refléter cela dans ses rues et quartiers, retrouvant son âme et son esprit, sans explication aux visiteurs.

NUTRITION LE POISSON

Le **POISSON, cuit au four**, est un des plats qui redonne espoir, vitalité et esprit de vivacité. En cas de perte d'envie de manger, ce plat avec légumes donne un élan à votre estomac, un push à votre senteur et une vitalité à votre cœur.

Ses bienfaits regagnent rapidement le système sanguin, traverse le corps et la capacité défensive se réactive ou se tonifie, en fonction de votre état de santé.

La **SARDINE** est riche en omega3, surtout en grillade avec un peu de sel, elle vitalise le cœur et lui donne cette richesse en aliments complémentaires, à son fonctionnement. Les Sardines, comme les Tomates, ne peuvent dépasser le stade de manger mi- cuit pour récupérer la valeur réelle.

Le **MERLAN**, riche en vitamines et minéraux, est bénéfique pour les enfants à partir de 5 ans et les générations vieillissantes, sinon il reste un des meilleurs aliments à promouvoir au sein de votre famille, surtout en vapeur ou sinon grillade.

Les **ALGUES** ou **ALGUES SECHEES** sont des antioxydants pour le corps, un réveil des sens et une richesse incomparable de minéraux tels que le MAGNESIUM.

NUTRITION LES EPICES

Les épices marocaines sont riches et variées, rares ceux qui comprennent l'utilité de chaque épice, et par l'occasion je vais présenter quelques-uns : GINGEMBRE / PAPRIKA / CANNELLE / CUMIN

NB : Avant d'entamer les informations, il est nécessaire de comprendre le but de ces recettes et l'avis d'un médecin est Toujours bénéfique, en cas de plusieurs maladies ou de pathologies. Ces recettes ont un effet de soulagement.

Le **GINGEMBRE** > a un effet calmant sur les intestins, une respiration plus effective de l'estomac et un test pour le répondant nerveux. A savoir que le gingembre peut être utilisé de différentes manières :

- Une tête de cuillère dans un verre avec eau tiède, et se couvrir d'une couverture pendant une heure > bénéfice pour le rhume, les bactéries intérieures et le soulagement du système respiratoire.

- Une pincée avec l'Huile d'olive, avec une application sur l'épiderme pour les douleurs, permet de soulager le NERF et d'éliminer dans certains cas le MAL et le soigner, pour pouvoir remarcher. A noter, dans le cas du PARKINSON, cela soulage le Nerf pour avoir moins de vibrations sur le corps. Sinon, le meilleur moyen est une application avant sommeil, avec la circulation sanguine, l'effet est à son maximum.
- Avec du miel et de l'eau tiède, il renforce la résistance du corps face aux microbes, en anticipation

Le **PAPRIKA** > Une épice dont les bénéfices sont inconnues et je ne les connais pas tous, à savoir :

- Paprika + eau tiède = soulagement des intestins et de leur blocage, comme une pierre
- Paprika + Huile d'olive = détente des oreilles et tète des bourdonnements

La **CANNELLE** > Avec eau tiède, est un activateur de circulation sanguine et contre la coagulation du sang, à condition de ne pas dépasser 2 jours de traitement. Néanmoins, à ne pas prendre si vous avez de l'asthme ou des problèmes respiratoires, cela complique la respiration.

Le **CUMIN** > Bénéfique pour la digestion et le remodelage du système intestinal, aussi il diminue les fibrillations ou vibrations.

L'**AIL** > Un bénéfique double, entre diminution de la tension et un Anti-biotic naturel. A prendre en Salade, avec une datte ou cru.

FER :

LEGUMES VERTS > Bénéfiques pour le FER

LENTILLES

CORNICHONS

MAGNESIUM :

ALGUES

ANTI-BATERIEN/ VITAMINE 'C':

CITRON

ORANGE

KIWI

BANANE

AUTRES :

CITRON

EDUCATION, UN AVENIR A CONSTRUIRE

L'HUMAIN et comme la terre, tu récoltes ce que tu as semé, s'il est dans ton périmètre de résultat et si tu es propriétaire. Une terre a besoin de beaucoup d'entretien, de patience et d'attention, pour grandir et donner ses fruits. C'est une chance, d'avoir une terre qui donne une seule récolte et c'est démentiel, si elle donne en Multi-Pluralité. L'EDUCATION des enfants, est semblable à une terre et cela peut prendre des années. Certaines terres, on voit leur récolte rapidement mais ne peuvent perdurer ; car l'initiative ou le point de départ est faussé par la vision.

« J'ai étudié les sciences,

Tremblant les magnifiques »

PUBLICATIONS

- LE MAROC VISIONNAIRE
- The FACE OF MOROCCO, Magazine Electronique, Linkedin

Le PROFILING des retards psychologiques est un regroupement de travaux personnels, un savoir-experience, une vie, un regard sur la théorie de conspiration, un manège tournant, du positif et du négatif, explorant différents mondes: cinéma, musique, théâtre, enfance, et d'autres sujets à travers la psychologie. Les mots se font rares car les sentiments se tourmentent sur des vagues délaissées et un chamboulement cérébral. Je salue ceux qui ont croisé mon chemin mais j'honore ceux qui vont le lire car la perception est complètement différente.

Consultante en informatique, Gestion Finance et Stratège. J'aime partager mon monde de psychologie, en fonction des femmes et hommes rencontrés dans ma vie. Mais ce livre a un goût amer et splendide à la fois car il retrace mes expériences personnelles. Je vous souhaite Bonne lecture!

Kenza L

Le PROFILING des retards psychologiques

Conspiracy Time?

CONTACTS

Twitter : @laestycia

Instagram : @kencool26

Linkedin : #thefaceofmorocco

#laplumekenzaouite

Printed by Books on Demand GmbH, Norderstedt / Germany